AF232321

PARAPHRASE

DV

PSEAVME LXVII.

Exurgat Deus.

A PARIS,

Chez I E A N C A M V S A T, ruë Saint Iacques,
à la Toiſon d'Or.

M. DC. XXXIX.

AVEC PRIVILEGE DV ROY.

PARAPHRASE
DV
PSEAVME LXVII.

Exurgat Deus.

Exurgat
Deus,

Eue toy lumiere du monde,
Soleil de iustice & d'Amour,
Il est temps de rendre le iour
Apres vne nuit si profonde.

N'as-tu pas veu couler les pleurs
Que nous donnions à nos douleurs?
N'as-tu pas ressenti nos peines?
Veux-tu permettre encor à ces Rois furieux
D'espuiser le sang de nos veines,
Comme ils ont espuisé toute l'eau de nos yeux

A ij

Il n'eſt pas beſoin de ta foudre,
Ny de ces redoutables feux,
Qui changent les monts orgueilleux
En de foibles monceaux de poudre.
Pour leur donner l'eſtonnement,
Imprime ſur le Firmament
Vn petit rayon de ta gloire.

& diſſipentur inimici eius, & fugiant qui oderūt eum, à facie eius.

Il ne faut que la peur pour les rendre ſoumis.
Et c'eſt la plus belle victoire,
De vaincre ſans effort de puiſſans ennemis.

Que ſi leur fureur animée
Pouſſoit leurs deſſeins plus auant,

Sicut deficit fumus, deficiant :

Diſſipe-les comme le vent
Diſſipe vn amas de fumée.
Alors ne retiens plus ta main ;
Vſe des droits de ſouuerain,

ſicut fluit cera à facie ignis, ſic pereant peccatores à facie Dei.

Puis qu'il s'agit de ton Empire,
S'ils excitent ces feux qu'ils en ſoient conſumez,
Qu'ils fondent comme fait la cire
Et les flãbeaux aux feux qu'ils auoient allumez.

Defia noſtre bouche eſt ouuerte,
Nos langues ſont en liberté,
Pour faire entendre ta bonté,
Noſtre deliurance & leur perte.
Nous ſommes gays, ils ſont en dueil,
Nous viuons, ils ſont au cercueil,
Ce qui les pert nous fait paſſage,
Les flots & les Zephirs reſpondent à nos vois,
Tandis qu'en vn meſme naufrage
Tu caches ſous les eaux les peuples & les Rois.

Mortels qu'on chante ſa victoire,
C'eſt vn beau ſujet pour nos vers,
Que ne vont-ils par l'Vniuers
Tracer le chemin de ſa gloire?
Il demeure deſſus les Cieux,
Rien ne ſe deſrobe à ſes yeux,
Pour voir tout il ſe void ſoy-meſme.
Sa lumiere eſt ſa nuit, & ſa nuit eſt ſon iour;
Il prend en ſoy tout ce qu'il ayme,
Et ſes ſeules beautez luy donnent de l'amour.

A   iiij

Et iuſti epu
lentur, &
exultent in
conſpectu
Dei : & de-
lectentut in
lætitia.

Cantate
Deo, pſal-
mum dicite
nomini eiᵘˢ;
iter facite
ei, qui aſcē-
dit ſuper
occaſum:

Son couroux forme le tonnerre,
Son pouuoir fait les Elements,
Il fait trembler les fondements
Qui portent le poids de la terre.
Il tient les vents dans leurs prisons,
Il prescrit l'ordre des saisons,
Il destruit comme il donne l'estre;
Il change en feu la glace, il endurcit les mers,
Et s'il veut par vn coup de Maistre
Il aneantira tout ce vaste Vniuers.

Tristes vefues, foibles pupilles
Consolez vous en vostre dueil,
Ne moüillez plus ce froid cercueil
De tant de larmes inutiles,
Il vous sert de Pere & d'Espoux,
Ne craignez point il est pour vous,
Sa puissance vous est offerte.
La tempeste vous iette heureusement au port,
Vous profitez en vostre perte,
Et vous deuez beaucoup aux rigueurs de la mort.

De ces demeures eternelles
Où les Anges espouuantez
N'osent regarder ses beautez
Qu'en cachant leurs yeux sous leurs aisles :
Il entend les cris languissans
Des pauures & des innocens,
Il trauaille au destin du monde,
Il conserue l'honneur de la posterité,
Et rend vne maison feconde
Apres les longs ennuys de la sterilité.

Deus in loco sancto suo :

qui inhabitare facit solitarios in familia.

C'est luy qui brisera les chaisnes
De ceux qu'vn Tyran sans raison
Retient au fonds d'vne prison
Dans la misere & dans les gesnes ;
Malgré tant de portes d'airain,
L'effort de son bras souuerain
En tirera ceux qu'on opprime :
Il destruira leurs tours pour donner liberté
A la miserable victime
Qu'on alloit immoler à leur brutalité.

Qui educit vinctos in fortitudine,

similiter eos, qui exasperant, qui habitant in sepulchris.

Souuent il contraint la nature
De suiure ses commandements,
Souuent sous les froids monuments
Il anime la pouriture.
Les marbres luy rendent les corps,
Il conserue auecque les morts
Vne intelligence secrette,
Au seul bruit de sa voix qui perce le tombeau,
Un espouuantable schelette
Reprend l'ame, les nerfs, les muscles & la peau.

Deus cùm egredereris in cõspectu populi tui,

Consultez l'Egypte rebelle,
Sçachez de ce peuple inhumain,
Les miracles que fit sa main
En faueur du peuple fidelle,
Il n'est iour que ses matelots
N'aperçoiuent dessus les flots
Quelque reste de son naufrage,
Elle souspire encor, elle en porte le dueil,
Les os blanchissent son riuage,
Et de corps entassez la mer forme vn écueil.

L'onde

L'onde iufqu'alors inconftante,
Se trouua fans nul mouuement,
Et vid auec eftonnement
Paffer cette trouppe innocente.
Les flots par refpect reculez,
Vague fur vague emmoncelez
Faifoient vn effroyable vuide,
Et le peuple au milieu de deux montagnes d'eau,
Dans le ciel regardoit fon guide,
Qui marquoit le chemin par l'efclat d'vn flãbeau.

*cùm per-
tranfires in
deferto:*

Dieu qui conduit fa troúpe Sainĉte,
Rendit les deferts eftonnez,
Et les fapins defracinez,
En furent abbattus de crainte.
Le Jourdain fufpendit fes eaux,
Et vid rebrouffer fes ruiffeaux
Dedans le fein de fa fontaine,
La terre fi folide en trembla de frayeur;
Et iufqu'au plus bas de la plaine
Les rochers chancellants fe courberent de peur.

*Terra mota
eft,*

B

Le Soleil en faisant sa route

etenim cæli
distillauerũt
à facie Dei
Sinai, à fa-
cie Dei If-
rael.

Nageoit dans vne mer de pleurs,

Et les Cieux perdans leurs couleurs

Sembloient se fondre goutte à goutte.

Les Astres & le Firmament

S'obscurcirent d'estonnement,

Et firent vn triste silence,

Tout paslit deuãt Dieu, le feu qu'il porte aux yeux

Et les flammes de sa presence

Estoient le seul éclat qui reluisoit aux Cieux.

Pluuiam vo-
luntariam
segregabis
Deus here-
ditati tuæ :
& infirmata
est, tu verò
perfecisti
eam.

Durant cét effroyable orage

Le peuple auoit gagné les bords,

Et contoit le nombre des morts

Que le flot poussoit au riuage.

Mais quoy le Ciel prend ses beaux feux,

Le Soleil est plus lumineux,

La tempeste est toute appaisée.

Dieu comble ses enfans de biens & de plaisirs,

S'il pleut ce n'est plus que rosée,

Et tous les autres vents ont fait place aux Zephirs.

Dans vne vaste solitude
Ils trouuent la paix & l'amour,
Comme rien n'y trouble le iour,
Rien n'y donne d'inquietude.
Ils prenent leur pain sous leurs pas,
L'air leur verse vn diuin repas,
Dieu s'occupe à guerir leurs peines.
Si la terre est sterile, ils ont pour eux le Cïel,
Qui sur les bruslantes arenes
Pleut des torrens de lait, & des ruisseaux de miel.

Animalia tua habitabunt in ea: parasti in dulcedine tua pauperi, Deus.

Aussi pleins de reconnoissance
Iusqu'au Ciel ils poussent leurs voix,
Et chantent tant de grands exploits
Que Dieu fit pour leur deliurance.
Luy-mesme excite leurs esprits,
Il se plaist au bruit de leurs cris,
Cét effort qu'ils font le contente.
Les filles à leur tour y composent vn chœur,
Et dans leur musique innocente
Consacrent ce Cantique à leur liberateur.

Dominus dabit verbum euangelizatricibus, virtute multa,

Reges exer-
cituum fu-
gerunt fu-
gerunt, &
fpeciofæ fa-
miliarum
diuiferunt
fpolia.

Ces redoutables Capitaines

N'ont pû fouftenir nos efforts,

Nos coups faifoient autant de morts,

Et leur fang inondoit les plaines.

Cheuaux, cuiraffes, eftendars,

Et tout leur attirail efpars

Faifoient vn trophée à nos armes :

Et durant la chaleur des plus rudes combats,

Au lieu de répendre des larmes

Les filles partageoient le butin des foldats.

Si dormiatis
inter me-
dios cleros.

Si l'on void fur voftre vifage

Les traits que traçoit la douleur,

Si l'on void dans voftre couleur

Vn refte de voftre efclauage.

Si vos yeux autrefois fi beaux

Ne font plus rien que les tombeaux

Où leurs lumieres font efteintes.

Ce font des maux paffez, car Dieu vous a promis

Qu'à l'auenir toutes vos craintes

Pafferoient de vos cœurs en ceux des ennemis.

Lors que la lumiere amoureuſe
Du beau plumage des pigeons,
Frappe de ſes tremblans rayons
L'email de leur gorge pompeuſe;
L'arc que le Ciel fait de ſes pleurs
N'a point de ſi belles couleurs,
Le Soleil ſe peint ſur leur aiſle.
Ils laiſſent apres eux vne ſuite d'éclairs,
L'or deſſus leur dos eſtincelle,
Et mille petits feux les ſuiuent dans les airs.

pennæ co-
lumbæ dear-
gentatæ, &
poſteriora
dorſi eius in
pallore auri.

Ainſi braues Iſraëlites,
Lors que vos ſoldats conquerans
Auront ſurmonté les tyrans
Qui vous diſputoient leurs limites,
Vos yeux reprendront leur clarté,
Voſtre genereuſe beauté
Reuiura deſſus vos viſages.
Selmon ne fut iamais, ny ſi blanc ny ſi beau,
Quand l'hyuer fait à ſes bocages
D'vne neige eſclatante vn ſuperbe tombeau.

Dum diſcer-
nit cæleſtis
reges ſuper
eam,

niue dealba-
buntur in
Selmon:

B iij

Quittez donc ces lieux miserables,
Où les costaux & les vallons
Ne presentent que des sablons
Et des rochers inhabitables.
Ces tristes & bruslans deserts
Sont pires que n'estoient vos fers.
La Palestine vous appelle,
Ces mõtagnes de Dieu vous offrent leurs lauriers.
Voulez-vous qu'un peuple infidelle
Retienne si long-temps ces costàux prisonniers?

Le Soleil dessus ses montagnes
Ne fait que des fruits & des fleurs,
Et ses importunes chaleurs
N'y bruslent iamais les campagnes.
Les seuls torrents y font du bruit,
Des douces vapeurs de la nuit
L'Aube fait ses perles tremblantes,
L'or est sur les sablons, & l'argent sur les eaux;
La manne fait courber les plantes,
Et les prez sõt couuerts d'inombrables troupeaux.

Mais pourquoy roches orgueilleuses
Auez vous la temerité
D'enuier la felicité
De nos montagnes ombrageuses?
Pourquoy vos chefs sont-ils jaloux
Que l'air & le Ciel sont si doux
Sur cette montagne diuine?
Ignorez vous qu'on doit esleuer sur ce lieu,
Sur cette agreable coline
Le Throsne estincelant de la gloire de Dieu?

Sa force est le Dieu des batailles,
Les Anges ont quitté les Cieux,
Pour suiure le char glorieux
Qu'il roule autour de ses murailles,
Et quoy qu'elle porte à iamais
Le nom bien-heureux de la paix,
Qu'elle soit la douce Solyme.
Son Dieu demeure en elle auec autant d'effroy
Que sur cette flambante cime
Où la voix du tonnerre a prononcé la Loy.

Je t'y vois, ô Dieu de lumiere,
Ie t'y vois tout brillant d'efclairs,
Traifner apres toy dans les airs
La captiuité prifonniere.
Les gouffres fe font defcouuerts,
Les monuments fe font ouuerts,
Ils ont fait place à tes conqueftes,
Et les demons chargeZ de flammes & de fers,
De frayeur ont plongé leurs teftes
Aux lieux les plus obfcurs de leurs fombres enfers.

La mort demy morte de crainte
A veu fon pouuoir abbatu,
Rendre l'hommage à ta vertu,
Ou par refpect ou par contrainte

Les mortels en t'offrant leur cœur
T'ont reconnu pour le vainqueur
Des enfers & de la nature.
Et ceux qui ne pouuoient qu'à peine conceuoir,
Qu'vn Dieu fe fuft fait creature,
Ont adoré fa gloire & receu fon pouuoir.

Benit

Benit soit ce grand Dieu de gloire,
Benit soit le Dieu, dont les mains
Sur tant de monstres inhumains
Ont remporté cette victoire.

C'est luy dont la iuste fureur,
Par nos armes, & par la peur
Rend tant de forces dißipees,
Et qui prenant le soin de nous guider au port,
A si bien conduit nos espees,
Qu'elles portent par tout l'espouuante ou la mort.

Ce n'est pas la grande puissance
Qui rend vn peuple le plus fort,
La victoire obeït au sort
Que luy marque la Prouidence.
Et la mort, ce fascheux écueil
Où des Roys, la pompe & l'orgueil
Font vn infaillible naufrage,
Tient inutilement ses traits en son carquois,
Et ne sçauroit en faire vsage,
Qu'apres auoir connu le secret de ses lois.

C

Lors qu'aux rencontres de la guerre
Nos ennemis percez de coups,
De leur teste & de leurs genoux,
En expirant frapent la terre,
Lors qu'en vn souspir lenguissant
L'ame s'enuole en fremissant
Par cent ouuertures mortelles.
Soldats ce n'est pas vous, mais le bras du Dieu fort
Qui veut confondre les rebelles,
Et qui choisit vos mains pour leur donner la mort.

De Basan le Roy temeraire
Auoit souleué l'Vniuers,
Il ne nous parloit que de fers,
Et s'asseuroit de nous deffaire.
Mais Dieu renuersa les proiects
Et des Princes & des sujets,
Son Ange nous fit ce message.
Allez braues guerriers ne vous estonnez pas,

Si la mer vous a fait passage
Craignez vous que Basan puisse arrester vos pas.

J'apprefte encor d'autres merueilles,
J'excite mon iufte couroux,
Vous verrez, à l'entour de vous
De fang les campagnes vermeilles,
Vos foldats fuiuant leurs exploits,
Marcheront fur les corps des Roys
Dont les corbeaux feront pafture.
Les chiens boiront leur fang, & s'en eftãs nourris,
Ils laifferont fans fepulture
Les reftes malheureux de leur membres pourris.

En effect leur rage eft efteinte,
Ils n'ont peu durer deuant toy,
Et la prefence de mon Roy
A changé leur audace en crainte.
Roys, Princes, chantres & foldats,
Puis qu'il a fini vos combats
Chantez vn Hymne à fa victoire,
Et vous dont fa bonté conferua la pudeur,
Vous auez part à cette gloire
Ioignez vous aux cõcerts qu'on fait à fa grãdeur.

C ij

Vt intinga-
tur pes tuus
in fanguine:

lingua ca-
num tuo-
rum ex ini-
micis, ab.
ipfo.

Viderunt
ingreffus
tuos Deus,
ingreffus
Dei, mei :
Regis mei.
qui eft in
fancto.

Præuene-
runt princi-
pes coniun-
cti pfallen-
tibus,

in medio iu-
uencularum
tympani-
ftriarum.

In ecclesijs benedicite Deo Domino, de fontibus Israël.

Beaux ruisseaux d'vne belle source,
De Iacob illustres enfans,
Chantez les exploicts triomphans
Du Dieu vostre vnique resource.
Rendez luy des vœux immortels,
Ne laissez iamais ses Autels,
Sans encens, sans feu, sans victime.
Mais sur tout offrez luy la victime du cœur,
C'est vn espouuantable crime,
Que la langue soit saincte & l'esprit soit menteur.

Ibi Beniamin adolescentulus, in mentis excessu Principes Iuda, duce eorum : principes Zabulon, principes Nephtali.

Chefs des tribus, genereux Princes,
Venez au triomphe de Dieu,
Assemblez en ce sacré lieu
Tout le peuple de vos Prouinces.
Venez pour adorer la main
Qui prit le foible Benjamin
Pour l'esleuer à la Couronne,
Admirez sa puissance, apprenez par ce choix,
Que sans regarder la personne,
Dieu prend les plus petits pour en faire des Roys.

Et toy nostre seule esperance,
Nostre bien, nostre unique appuy,
Qui dans le fort de nostre ennuy
Nous fais esprouuer ta clemence.
Lumiere sans obscurité
Ne retire point ta clarté,
Ne nous cache point ton visage:
Il est de ta grandeur de garder tes sujets,
Et de monstrer qu'en ton ouurage
Tu n'interromps iamais l'ordre de tes proiects.

Mãda Deus
virtuti tuæ:
côfirma hoc
Deus, quod
operatus es
in nobis.

Vois-tu ces superbes portiques,
Ce petit Ciel, ce Firmament,
Ce miraculeux bastiment
Ces tours, ces voûtes magnifiques.
Les Roys viendront de tous costeZ
Pour en admirer les beautez,
Et le combler de leurs largesses.
Tout le monde à l'enuy remplira son tresor,
Où iugera de ses richesses
Par ses portes d'argent, & par ses voûtes d'or.

A templo
tuo in Ieru-
salem : tibi
offerent re-
ges munera.

C iij

Increpa feras arundinis, congregatio taurorum in vaccis populorum :

Acheue d'estouffer l'enuie
De quelques Roys ambitieux,
Dont les desseins seditieux
Troublent la paix de nostre vie.
Ils assemblent les Potentats,
Ils arment dans tous leurs Estats,
Ils veulent abaisser ta gloire,

vt excludant eos, qui probati sunt argento. Dissipa gentes, quæ bella volunt :

Combas pour ta maison, combas pour tes autels,
Apres une telle victoire,
Tu seras satisfait du tribut des mortels.

venient legati ex Ægypto :

Ces grands & superbes miracles,
Ces tombeaux qui touchent aux Cieux,
Cederont leurs noms glorieux
Au temple où tu rends tes oracles.
Les Ambassadeurs de Memphis
Viendront pour honorer les fils,
Dont ils mesprisoient les ancestres,
Leurs Princes orgueilleux seront humiliez,
A nostre tour nous serons maistres,
Ceux qui nous cõmandoient serõt dessous nos piez.

Les Roys de ces bruſlantes plaines
Où le Nil voit naiſtre ſes eaux,
Chargeront pour nous leurs vaiſſeaux
De rubis & de porcelaines.
Nous verrons deſſus nos ſillons
Les magnifiques pauillons
De cette foule tributaire,
Quoy que victorieux nous ſerons eſtonnez
De voir aupres du Sanctuaire
Les viſages affreux de ces Roys baʒanez.

Princes dont la grandeur aſpire
A n'auoir iamais de pareils,
Aſtres viuants, les ſeuls Soleils
Que l'on regarde en voſtre Empire.
Dieux mortels, qui teneʒ le ſort
Et de la vie & de la mort,
Et de la paix & de la guerre,
Reſpectez la puiſſance, & receueʒ les lois
Du Dieu qui briſe comme verre,
La fureur des tyrans & l'audace des Rois.

Æthiopia
præueniet
manus cius
Deo.

Regna ter-
ræ, cantate
Deo: pſalli-
te Domino:

Psallite
Deo, qui af-
cendit super
cælum cæli,
ad Orien-
tem.

Beniſſez ce Dieu qui vous donne

Tant de pouuoir ſur les humains,

Qui ſur vos chefs & dans vos mains

A mis le Sceptre & la Couronne.

Les Cieux ce rauiſſant pourpris,

De qui tant de nobles eſprits,

Conduiſent le branſle & la courſe.

Forment à ſa grandeur vn Throſne nompareil,

La lumiere y trouue ſa ſource,

L'Orient ſous ſes pieʒ voit naiſtre le Soleil.

Ecce dabit
voci ſuæ vo-
cem virtu-
tis, date glo-
riam Deo
ſuper Iſraël,
magnificen-
tia eius, &
virtus eius
in nubibus.

Si-toſt que le Pole eſtincelle,

Et que ſur la voûte des Cieux

On entend vn bruit furieux

Sous qui tout l'Olympe chancelle,

Que l'air tout rougiſſant de feux,

Tire des ſouſpirs & des vœux

D'vn peuple demy mort de crainte.

C'eſt le Dieu d'Iſraël qui parlant dans les airs,

En faueur de ſa trouppe ſainɛte,

Fait bruire le tonnerre & briller les eſclairs.

Enfin

Enfin iugez de sa puissance
Par la gloire de ses enfans,
C'est luy qui les rend triomphans,
Et qui veille pour leur defense.
C'est luy qui d'vn sçauant pinceau
Dans les Saincts tire son Tableau
Et se peint en sa creature.
Ainsi que le Soleil aux plus beaux iours d'Esté,
Par vne agreable peinture
Forme d'autres Soleils pour y voir sa beauté.

Mirabilis
Deus in san-
ctis suis,
Deus Israë̈
ipse dabit
virtutem &
fortitudi-
nem plebi
suæ, bene-
dictus Deu

F I N.